辻井喬と堤清二が出合う日　11月25日

目次

まえがき

堤清二様　貴方がして下さった「前例」役を
今私が引き継がせて頂きます!!

ダイヤル・サービス株式会社　代表取締役　今野　由梨

出会いは四十六〜七年前、東京プリンスの地下のカフェ。わが社の創業メンバーの一人芹沢茂登子のご主人の、ご学友のそのまた従兄という曲がりくねったルートを辿ってのご紹介でした。

その頃私は、日本で最初の女性ベンチャーとして起業し、世の為人の為国のために、志を同じくする女性たちと共に、それまでこの国にまったくなかった「電話を生活者の発信源とする双方向のメディア」とするサービスを立ち上げました。当時経済大国を目指す我が国が生んださまざまな「核家族禍◎」の一つ、育児ノイローゼ多発、そしてその母親によって命を絶たれた赤ちゃん達のいわゆる「子殺しの時代」の到来でした。

　子育ての経験豊かな女医・教授・編集者、といった女性たちが三世代同居、井戸端会議、向こう三軒両隣の代わりに「死にたい」「殺してしまいそう！」の悲鳴に応えました。サービス開始初日、新聞を見て全国からコールが殺到し、国の電話回線はパンク、私はしょっ引かれ民間が電話を使ってビジネスをしたら「公衆電気通信法」違反であること、そのうえ金を取ったら今度はこれでは済まない！　と言われました。それでもコールは日増しに増え、優秀な社員も増やさなければならない。「ありがとう」をお金に代えることを禁じられたわが社は、あっという間に資金が底をつきました。

このサービスをＣＳＲとして必要とする企業をリストアップして、片っ端から回りました。みんな賛同してはくれましたが、決まり文句は「前例」のない事はやれない！　でした。ニュービジネス、ベンチャーに前例があるわけがない！　時間をお金はどんどん流れ出て、まさに、あわや！　の時の堤氏との出会いでした。

全国の利用者の悲壮感あふれる声援を背に、私たち三人は、初対面の若き経営者堤清二なる方に必死の思いで迫りました。「前例」になって欲しい！　と。

いろんな思いが去来したことでしょうが、堤氏は「では一年だけ」、そしてもしこのサービスが貴女達の云う通り、新しい時代の双方向メディアとして認められたら次の年も、と。

私達ベンチャーにとって堤清二氏こそはまぎれもない時代の一つのプロローグ、幕開けに力を貸して下さった方でした。

「赤ちゃん一一〇番」は順調に発展し、世の為国の為に貢献することができました。

セゾングループの次の後継者に代わるまで、それは続き、私達も電話というデバイスを超え、西武百貨店や西友、パルコの店内で、出張相談にも出向きました。予告された日には、どの店でも驚くほどの来店者と売上増に貢献し、勇気ある決断をされた堤さんにご恩返しができました。

その後、国土庁の下河辺先生、国連の明石さん、当時の橋本厚生大臣、途中からご紹介した小椋桂さん等で仲良し五人会を作り、毎夏八ヶ岳高原ロッジで翌日のゴルフも含め、かけがえのない時間を共有させて頂いたことはわが人生最高の贈り物でした。

経営者として、詩人として、苦悩の人として知られる堤清二氏とは似ても似つかぬ、純であどけない少年の顔を存分に解放されるのも、そんな時間での中でした。

今私は「ベンチャーの母」として中国、韓国その他の国々の「国境なきお母さん」として、堤さんが私にして下さった「前例」役を果たしています。おかげでお金は失くしましたが、この時代、私が果たすべき役割に目ざめたことと、お金なんかでは買えない貴い財産に恵まれております。これらはすべて堤清二様、貴方から頂いた遺産と思い、これからも大切に育てることをお誓い申し上げ、真心いっぱいの感謝の言葉とさせていただきます。

『新祖国論』―なぜ今、反グローバリズムなのか

詩人、作家、日本中国文化交流協会会長　辻井　喬

『新祖国論』を書いた経緯と動機とは

今日は、私が出した『新祖国論』という本について、一時間ほど話をして欲しい、ということでございますが、自分で書いたものを褒めるわけにはいかないし、かと言って、けなすのも気が進まないというわけで、なかなか難しいと感じております。

実は、この本は去年、一年間にわたって「信濃毎日新聞」に連載していた内容をもとに、まとめたものです。「信濃毎日新聞」は、長野県を拠点とする地方紙の名門新

聞であります。日本では、皆に広く知られた全国紙というのが本格的な新聞で、地方紙は何か格が落ちるかのようなイメージがございますけれども、これは間違った逆さまのイメージであると思います。

例えば、アメリカには、リベラルな論陣を張る「ニューヨークタイムス」という名門紙がありましたが、この新聞は地方紙であります。海外では、地方紙のクオリティーが非常に高く、内容もその地域に限定されたものではなく普遍性を持っており、その論説は、全世界に影響を及ぼすようなものになっております。

それなのに、日本では、なぜ地方は中央より、下であるかのような印象が生まれたのかというと、こうした認識が広がったのは、明治以後のことなのですね。これは、明治維新以降、急いで産業国家を造らないといけない時代に、全国の知力、資金、人材を、意図的に中央に集中させる必要があったことから形成されたイメージではないかと思います。実際に明治新政府を運営していたのは、薩摩や長州といった地方の出身者だったのです。

そうした明治以後の日本にあって、仙台の「河北新報」、福島の「福島民友」、秋田の「さきがけ」紙等々の地方の名門紙が、数多く創刊されて行ったわけです。現在でも、地方へ行きますと、購読紙は、その地方の名門紙でありまして、私たちの良く知る全国紙は併読紙の場合が多いのです。

そのなかでも、「信濃毎日新聞」には、桐生悠々という名の、ジャーナリズム精神を骨の髄まで持っていた主筆がおりまして、自らが正しいと信じたことを筆を折らずに堂々と述べ、そのために軍部ににらまれることがあっても最後まで自説を曲げなかった人物であり、そうした人をぎりぎりまで擁護し続けたのが、「信濃毎日新聞」だったのです。

もともと、長野県は私が親近感を持っている地域でもあり、また、そういう歴史のある新聞でしたので、信濃毎日なら書いても良いなあ、と思ったわけです。

これが、「信濃毎日新聞」に掲載することになった経緯なのですが、それでは、書く動機は何であったのか、と言いますと、それは一言でいって、今の世の中には、わからないことが多すぎる、理解できないような状況が進行している、ということです。

そうしたことを少しづつ書いて整理してみよう、読者や専門家からの反応なり批評をいただいて少しで前へ進んでみよう、という気持ちから執筆したのが、そもそもの始まりでございます。

〝通商国家〟日本にとっての平和の尊さ

今から、その分からないことの幾つかを申し上げて、あわせて私の考えを述べたいと思うのですが、まず一つめにお話ししたいのは、日本の経済的繁栄と平和についてです。

皆さんもよくご存知と思いますが、日本の経済は、海外との貿易によって成り立っていますから、国際的な平和が保たれ、外国との取引が円滑に行われて始めてうまくいくわけです。

例えば、いま、日本にとっての一番の貿易相手国は中国であります。戦後、ずっと最大の貿易相手国だったアメリカを二〇〇四年に抜いて、中国が、日本にとって輸出入額で最大の国家になりました。一九八〇年代には、対米貿易は三〇%台の比率を保っていたのですが、次第に減少して、二〇〇四年には一八・六%にまで下降しています。

また、中国経済の発展は目覚ましく、読売新聞の報道によると、上場している中国企業の時価総額が、日本を上回るほどに膨張している、ということであります。今年の、共産党大会での決議では、二〇二〇年までに、GDPを四倍にし、同時に、安定した持続可能な経済成長を追求することが決定されました。

高度成長と経済社会の安定の両方を追求することについては、私は、そんなことが出来るのかな？　と、かなり疑問に思っておりますが、こうした大きな国家目標を掲げている今の中国の状況は、池田内閣が高度経済成長と〝所得倍増論〟を掲げていた一九六〇年代の日本の雰囲気に、似ている感じが私にはいたします。

日本は、その後、海外との交易を更に発展させ、輸出の増加を通じて経済大国への道を歩みましたが、そうした〝通商国家〟としての性格を持っている日本にとっては、海外との貿易を維持し発展させていくために、何よりも国際的な平和が保たれていることが大切なわけです。わかりやすい例を挙げますと、石油を積んだタンカーが、マラッカ海峡を安定して航行できなくなれば、日本経済は数ヶ月しかもたないだろう、と言われているのです。

そういった構図のもとで生きている日本でありながら、平和を維持してきた戦後の日本憲法を捨て去り、戦争のできる国にしよう、と主張している政治的な勢力が、まだ残存しているように見えるのはなぜなのか、私には不思議でならないのです。

日本経済のことを考えますと、先ほど説明したように、財界人こそが真っ先に、「平和を維持せよ、そのためには憲法を変えないほうが良い。」と言うべきです。それが日本の将来のためになると思うのですが、日本の財界が、政治の流れに歩調を合わせるかのように、憲法改正を容認するような姿勢をとっております。

知人の財界人に、このことを聞いてみると、「本当は平和が大切だと内心は思っているけれど、(世の中の流れを見ると)そうも言えないし……。」と言われるわけです。なぜ口に出して言えないのか、ということが、これまた私には不可解なわけです。

国際的な平和に依存する日本の食料

また、見方を変えましして、食料の自給率という観点から数字を挙げてみますと、昨年の主食である穀物のカロリー換算による自給率は――もし、数字が間違っていれば、後で宮崎先生から教えていただきたいと思いますが――オーストラリアは二三七%、カナダが一四五%、アメリカが一二六%、フランスが一二二%であり、こうした国々は自分達の国の主食を自国でまかなっているだけでなく、輸出余力もある国なのです。

そして、中国の自給率ですけれど、経済成長に伴い、二年ほど前からカロリーベースでの穀物の純輸入国に転じていまして、自給率は九八%です。二%ほどの足りない分は、海外から調達しております。

そして、ドイツが八四%、イギリスが六二%、スイスが四九%となっており、これらの国は、海外から不足分を輸入しないと、国民がひもじい思いをするわけです。

しかし、日本はどうかと言うと、わずか四〇%です。ですから、海外から不足する食料を輸入できない事態になれば、日本の六割の人は充分な食生活が送れない状況に陥りかねません。貿易交渉で農業分野は絶対に譲歩しない、といった、あまりに極端な農業ナショナリズムの路線を取るのは望ましいとは思いませんが、もし、国際的な平和がそこなわれ、貿易が円滑に行われない事態になれば、日本は深刻な食糧問題と向き合うことになるわけです。

ところが、日本は、そういった構図の中で生きている国であるにもかかわらず、選挙が行われると、これまでの、戦後の平和体制を変えて、日本を戦争のできる国にしよう、といった主張をしている候補に、けっこう票が集まるのです。この前の、参議院選挙に限れば、自民党は大きな敗北を喫しましたけれど、二一世紀を迎えた日本では、改憲を唱え、平和主義を軽視するかのような主張をする候補に、いまだに多くの票が投じられているのです。

その点が、私にはどうしてもわからない。世の中がこうした状況になっているのは、何か理由があるはずだ。その理由を、文章にして書くことで、少しでも解明したい、というのが、この『新祖国論』という本を書かせた一番の動機としてあるわけです。

嫌だった『新祖国論』という本の題名

この『新祖国論』という、本の題名ですけれど、私はこの題名がとてもいやで、違う題名の本にしたい、と思っておりました。なぜかと言うと、私のような年代になりますと、「祖国」という言葉自体に、アレルギーがあるわけです。

歌人であり劇作家であり、作家でもあった寺山修二の残した歌の中に、「マッチする束の間の海霧深し身捨つるほどの祖国はありや」という有名な短歌がありますが、戦前の生まれだった寺山と同様に、私たちの世代は、〝祖国〟という言葉を子供の頃に散々頭に叩き込まれたわけでして、〝愛国〟という言葉と同様に、自分にとっては、ちょっと使いづらい言葉なのです。

それで、本を出版する際、編集担当の方に「〝祖国〟という言葉を使うのはいやだ。」と、盛んに申し上げたのですが、編集者の方は、「それはあなた方の年代の人は嫌かもしれないが、その年代の方は、人口の比率から言って、もう何%もいません。若者にとっては、〝祖国〟という言葉は、何の抵抗もありません。自分の抱く言葉のアレルギーにとらわれて、大勢の人にこの本を訴える機会をみすみす逃すような態度は、あらためたほうが良いではないですか。」といった意味のことを、――言葉は優しかったのですが、懇々と言われたのです。

それで、遂に「それでは、我慢します。」と申し上げて、付いたのが『新祖国論』という題名なのです。

日本の戦後政治をふり返って

不本意ながらも付いたこの本の題名の弁明をさせていただきましたが、では、なぜ日本の財界人や、多くの国民が、「日本は戦争をしては国が立ち行かなくなる。戦争をする国にしてはならないのだ。」と内心ではわかっていながら、選挙になるとその反対の立場の勢力に投票する動きが出て来るのでしょうか？

それは、日本は平和国家でなければならない、と考えている側にも、何か欠陥があるのではないだろうか、と私は考えるのです。その欠陥を探し出さないといけない、と感じるのです。そういったことを、少し歴史をさかのぼりながら考えてみたいと思います。

戦後日本の政治体制が確立したのは、一九五五年に政党の合流によって出来あがった「五五年体制」からだと言われています。衆議院の議席の三分の二を占める、自民党とそれに連なる勢力が政府を担い、社会党や共産党といった改憲に反対する勢力が、衆議院の残りの三分の一の議席を占有する状況が続きました。

選挙のたびに多少の変動はありましたが、保守と革新が二対一の比率で議席を分け合うことが、数十年にわたって続いてきたのです。

そういった状況が半ば固定化して続いてきたために、ある種のなれ合いにも似た制度疲労が起こりました。そのため、〝改革〟を叫び、ワンフレーズで大衆にアピールすることが上手い政治家が現れると、その手法に有権者は魅力を感じ、あっという間に選挙の票をさらわれる事態となりました。いわゆる「劇場型政治」を巧みに演出する勢力が、二一世紀初頭に急速に台頭したのです。

こういった状況から連想されるのは、ナチスが権力を掌握する前の、ワイマール共和国末期のドイツの状況です。ナチスは、正当な国会選挙で多数派の地位を占めてから、その正体を現し、合法的な手段で国家権力を奪取したことで知られていますが、それまでは、失業者に職を与え、勤労者に向けた保養施設を整えるなど、福祉に熱心に取り組み、平和を愛好する政党というイメージを持たれていたのです。

ですから、ドイツの国民は、ヒトラーの率いるナチスにその夢を託したわけです。

ワイマール共和国下にあったドイツの社会や経済の停滞状況を、改革を叫ぶこの指導者が打破してくれるのではないか、と考えたのですね。

あえて名前を申し上げますと、〝小泉さん〟の単なる歯切れの良さに、社会の改革を託してしまうといった日本の姿に、劇場型国家の体質の片鱗を見る思いがしたわけです。もっとも、アメリカへの無条件な追従を公言してはばからないような首相には、ヒトラーのように国家への絶対的な忠誠を自国民に求める全体主義者を演じる資格はないようにも思えますが。

安保闘争と革新勢力の蹉跌

また、私が生きた戦後の四、五十年の間に起きたことのなかで、不思議に感じられるものを挙げてみますと、一九六〇年に起きた、安保改定に対する全国的な反対運動があります。あの時は、毎日のようにデモがありました。デモ隊の人数が日を追うごとに増えていって、来日したアイゼンハワー大統領の秘書を、デモ隊が包囲して追い返したりしたのです。その年の六月一五日には、女子学生の樺美智子さんが亡くなる事件も起きました。

激しい反対運動にもかかわらず、結局、日米安保条約の改定は、時間切れで自然成立となったのですが、その時に私の昔の仲間などは、「安保闘争で負けた。」と言ったわけです。今でも、そう言っております。なかには、あの時に、竹槍を持たせた全学連の学生を、犠牲をかえりみずに国会の内部へ突入させたら勝てたかもしれないのに、武力革命の路線を変更していた共産党は、止めてしまった、などと言う人までおりました。

しかし、私には、そういった言い方が、どうしてもよくわからないのです。あの安保闘争の後から、これまでの革命運動とは異なる前衛だなどと称して闘争する新左翼が出て来たのですけれど、あの時に、本当に、竹槍で全員が国会に突入していたら、どんなことになったと言うのだろうか。当時の日本は、国会の議場に実力で乱入したとしても、法的な手続きを踏んだ政府の決定事項がくつがえるような政治状況にはなかったにもかかわらず、もと〝革新〟と呼ばれた人たちのあいだには、さらに激しく闘えば、安保改定は阻止できた、というような意見を言う人が多いのです。

私は、こうした考え方はおかしい、と思うのです。あの安保改定の騒動によって、岸内閣は退陣せざるを得なかった。ですから、大衆の力によって内閣を変えたわけですね。

そうして、政府は、戦後の日本社会をずっと混乱させていたイデオロギー闘争をいっさいやめてしまい、その代わりに〝所得倍増論〟を掲げました。「もう、争いの季節は去った、政治の季節は去った、だから、国論を二分して争うようなことはやめて、これからは皆で協力して豊かな生活を実現しましょう。国民の収入を十年で倍にします。」というわけです。政府自らが、イデオロギー闘争を放棄して、実利主義の世界に転換したのですね。

そして、当時の大衆は、そうした〝政治から経済へ〟という路線の変更に賛成したわけです。内閣を変更させ、政府に有利なイデオロギー闘争を放棄させたというのに、「我々は負けた。」と言うのは、一体どういうことなのでしょうか。

自分たちの信奉する革命の理論の通りにならなかったのだから負けた、と言うのは、ずいぶん勝手な論理ではないか、と私には思えるわけです。つまり、もう五十年以上も前に起こった出来事をどう解釈するのか、ということさえ、私たちははっきりさせられないでいるのです。

かたくなな日本の革新勢力

私は、いわゆる〝革新〟といわれている人が、自分たちの信奉する理論を忠実に反映していないものを全て排除してしまい、その結果として、〝所得倍増論〟という現実的な路線を選んだ大衆社会の意識から、どんどん孤立して、今では、議会の少数派になってしまったように思います。自らの体質を内部から変えられないようでは、社会党や共産党といった政党も、やがては議席がさらに減少するかもしれないと感じています。

私も、政界のいろいろな人を存じ上げているので、ある政党の指導者に、「今の路線は、少しおかしいのではないでしょうか。大衆社会の動向を、もう少し謙虚に吸収しないとダメじゃないですか。そういった人の意見も聞いてみてはどうですか。」と言ってみたりするのですけれど、「でも、あの人は改憲論者でしょう。そんな人と話をしてもしょうがないですよ。」と言って、私の主張が門前払いの扱いをされた経験があります。

また、別の指導者に、「大衆のことをもう少し考えたほうが良いのではないですか。」と申し上げたら、「そういうのは大衆追随論だ。わが党は大衆を導く立場であって、そういう路線は取らない。」という具合で、どこへ行っても取り上げてくれませんでした。

いわゆる〝革新〟の側には、そんな問題もあるのではないか、と思うわけです。私は、こうした、かたくなな態度を、ずっと不思議に思ってきたわけです。

毅然として現実を見据えていた吉田茂

また、逆に、戦後の平和体制を変えるべきだ、と主張する政治家の方に、「じゃあ、それは本当に日本は戦争をして、だいじょうぶだと思いますか。」と問うと、「いや、それはちょっと、わからない。でも日本には、アメリカがついてくれるから……。」と、おっしゃるわけですね。戦後の体制から脱却して誇りある国にしよう、と言う人が、強い国家にすがろうとしているのは滑稽にも感じられますが、こうしたときには、私は、吉田茂さんという人の態度を思い出します。

吉田茂さんは、外交権を剥奪された占領下の苦しい状況のなかで、何とかして軍隊を作らないで日本を再建する方法はないだろうか、と策を考えていました。

――戦争に負けた国が、軍隊を作れば、その軍隊は勝った国にあごで使われて、良いことは少しもない。何とか軍隊を持たずに、敗戦直後の経済危機を乗り切りたい。――と思っていたところへ、新憲法の原案の骨子が、連合国側から示された。それを見ると、軍備を持つことは放棄する、と書いてあったので、吉田茂さんは非常に喜んだ、と聞いております。吉田茂さんは、敗戦の後の占領という、普通なら自尊心を喪失しかねないような苦しい状況下でも、あくまで毅然と振る舞い、冷静に現実を見据えながら、戦後日本が生きていく道筋を見出していったわけですね。

吉田茂さんを、直接に知る人は、もうほとんどいらっしゃらないと思いますが、私は、父親が政治家であったので、吉田茂さんに何度もお会いしました。非常に魅力的な人でした。確かに自由主義者ではありましたが、民主主義者ではなかった。しかし、あの戦後の混乱期に、それぞれの主張を民主的な手法でまとめて国の進路を決定するのは極めて困難であり、吉田茂のようなある程度は強引なリーダーシップを持った政治家が日本にとって必要だったわけです。

吉田茂さんくらい、在任中に新聞などのメディアに叩かれた総理はいませんでした。吉田茂は民主主義者ではない、という点を突かれて、叩かれ通しでした。

しかし、今、総理になってもらいたい過去の指導者の名を挙げると、吉田茂さんがトップになるわけですね。ですから、メディアが報じる人物の評判ほど、当てにならないものは無いわけですし、〝劇場型政治〟に誘導されてしまった世論に、安易に迎合してしまうようなメディアも問題があると思います。そうしたことを、『新祖国論』の中で書いたからなのか、新聞にこの本の書評が出ないのが印象的なのですが……(笑)。

「押し付け憲法論」の矛盾

また、改憲を主張する人は、「今の憲法は、占領下でアメリカに押し付けられた憲法だから変えないといけない。」と言うことが多いのですが、私はこの議論はどうも疑わしい、と感じています。

今、早く憲法を改正しなさい、と言って、改憲を押し付けているのはアメリカであるわけですね。日本に早く憲法を改正させて、軍隊を持たせ、集団的自衛権も認めさせて軍事行動も出来るようにすることで、アメリカ軍だけを世界各地に派遣しなくても済むようにしたい、というのがアメリカの考えですから、〝押し付け改憲〟というのが、今の改憲論の実質的な中身ではないかと思うのですが、なぜかそういった見方は、全国紙の紙面ではあまり取り上げられないわけですね。それも不思議なことです。

そうしますと、私のような昭和一ケタ世代には、やはり日本は、意識のなかではアメリカの属国なのではないか、という思いを感じざるを得ないわけです。

終焉するブッシュのアメリカ

ついでに申しますと、私は今のブッシュ政権のアメリカは、本来のアメリカの姿ではないと思います。何といっても、デモクラシーの原則を掲げて建国した国ですから、軍事力を用いて世界を「民主化」するような、極端な路線を一時的に取っていたとしても、復元力が働くと思います。先の中間選挙でも、共和党が議席を減らしましたし、二〇〇八年の大統領選挙では、おそらく民主党の政権が出現することになるでしょう。

ところが、そのアメリカには、日本という国は信用できない国ではないか、という印象を持たれているような気がするのです。

例えば、ずっと議論が続いている従軍慰安婦の問題でも、アメリカでは人権侵害の問題として捉える見方が広まっていたのですが、安倍首相がワシントンを訪問したときには、人権問題と考える意識は全く持っていなかったわけですね。そうして、アメリカ議会の下院で非難決議が採択されるということになりましたが、結果として日本に対する信用は傷ついたわけです。

アメリカで薄れる日本への関心

実は、つい一ヶ月ほど前に、私は、ニューヨークへ参りまして、昔からの友人たちと再会してきたのですが、びっくりしましたのは、アメリカの各界のリーダーの間で、日本に対する関心が急速に薄れて来ているということでした。

デイビッド・ロックフェラーという九二歳の財界のリーダーの方がおられるのですが、自伝の日本語訳が出来たことから日本に来られました。帰りに中国を訪問して、ニューヨークでまたお会いしました。

年齢のことを考えると、時差のある長距離の移動だけでも大変ですから、私の方は遠慮していたのですが。

彼はアメリカのこれからのリーダーたちの間に、日本への関心が薄くなってきているように見えることを大変心配していました。つい二〇年くらいまでは、アメリカへ行くと、「なぜ宮沢さんは総理になれないのか。」などと、日本の国内情勢に関していきなり質問をされて、「いや、日本ではあまり頭のいい人は総理になれないのです。」と返事をしてかわすくらい、アメリカにおける日本に対する関心は高かったのです。

そのアメリカの財界人の長老格の方から、日本への関心が薄れている、といった話を聞いた私は、かなりショックを受けたわけですが、日本でも、五百旗部さんが座長をしておられる外交問題審議会の第一回目の会合で、福田首相が、「諸外国に対する日本の存在感の希薄化ということが自分は心配だ。」というスピーチをした、という記事が新聞に載っておりました。

これは、大事な内容の記事なのですが、そうした貴重な示唆を与えてくれるような記事は、全国紙では小さな活字の記事にしかなりません。ですから、私は、全国紙を読むときには、小さい活字の記事を拾って読むようにしているのですが、国際社会における日本の存在感が希薄になっていることを、多くの人が認識し始めているように思えるわけです。

経済的見返りでは得られない常任理事国ポスト

また、日本は、国連の常任理事国になりたいと、ずっと国際社会に働きかけて来ました。では、なぜ常任理事国になれると日本が考えているのか申しますと、官邸の発想なのか、外務省の考えなのかは分かりませんが、日本の国連に対する経済的貢献が、非常に大きいからだ、と言われていますね。国連への拠出金が多いから、日本は常任理事国になる資格があるというわけです。

そんな理由を、国際社会に公言しているものですから、国連のアナン事務総長が、さすがに心配をして、「お金を出しているから、常任理事国になる資格がある、といった理由は、あまりしないほうが良いのではないですか。」というアドバイスを、来日された際になさっていました。

私は、このことを新聞の記事で読んで、日本人として恥ずかしい気がしました。国連のポストはお金で変える、と日本人は思っている、ということになるからです。

なぜ、そういった理由ではなく、「日本は、外交上の紛争を武力を用いて解決しないことを国際社会に約束した国である。そういう国が、常任理事国になれば国際社会の平和に及ぼす影響は大きく、日本は常任理事国になる資格がある。」というような議論が、日本からなぜ出て来ないのでしょうか。

これは、やはり、日本が、「全てのことは金儲けを目的とする市場にゆだねればうまくいきますよ。」と、主張する市場原理主義的な改革を推進したことで、いつの間にか、全てのものは金で買える、という金権国家になって来ているからだと、私には感じられるわけです。

金権国家になってきているというのは、外交や政治の世界だけでなくて、日本の経済人にも、そういう人が多くなっている気がしています。もちろん、企業は利益を上げなければなりませんが、企業倫理に則した道義的な企業である、ということくらい、お金に換算できない重要な競争力はないわけですね。どうも、そういったことも、近年、軽んじられている気がするのです。

思想と日常生活の間にギャップがある日本人

次に少し角度を変えて私たち自身のなかにある弱点について申し上げてみたいと思います。

いろいろな内容を列挙してお話しすることになりますが、そのなかのひとつに、言っていることと、日常の生活での感覚の間に、ギャップがあることを、あまり不思議に思わないのが、日本人の欠点のひとつではないかと思います。

これは、どういうことかと申しますと、例えば、大学でジェンダー論の講義をしている偉い学者の先生がおられるとします。「みなさんが考えるような、男性は外で働き、女性は家庭を守るといった、男女の社会的な役割分担は、人為的に作られたものなのです。」などと言ってジェンダー論の講義を終えて、家へ帰られますと、自分の奥さんに対しては、「お茶はまだか。」「お風呂を早く焚いてくれ。」と、居間に座ったまま命令するわけですね。

これでは、大学の講義で言っていることと、実際の生活での感覚が、まるでつながっていませんね。でも、日本人の多くは、こうしたことが平気なのです。

ですから、普段は表向きの理屈の上で、「平和は大切だし、憲法は守るべきだ。」と主張していたとしても、私的な内面では、どこかでかつての日本を懐かしいものと感じていたりして、いざ選挙になると、戦争のできる国にしようという候補者に票を投じてしまう人がいるわけです。

では、なぜこうしたギャップが生まれることになってしまったかというと、明治時代以降に広まった、ある間違った考え方に影響されていると思うのです。

それは、優れた思想や哲学は外国から流入したものであり、日本には思想と呼べるものは存在しなかった、という考え方です。ある著名な詩人の方が、「もともと日本語は思想を表現するのに向かない言語である。」と言ったことさえありました。

〝思想〟は、欧米など外部から学んで取り入れるものであり、日々の生活における〝感性〟はそれとは別個のものである、というわけです。

しかし、例えば、紀貫之が編集した『古今集』に書かれた芸術論の持つ思想などを見ても、日本に思想がなかったというのは誤った考えであり、日本や日本語に対する冒涜である、とさえ私は思うのです。

しかし、この〝思想〟と、日常の〝感性〟を別のものと考える悪い習慣は、依然として今の日本に、はびこっています。そうして、日常の〝感性〟に根付いていない〝思想〟というものは、本当の意味での影響力を持たないのですね。〝感性〟に根付いていない〝思想〟をいくら大声を上げて主張しても、人を動かす力にはなりません。

本当に訴える力を持つ反戦詩とは

私は、よく文学者どうしの会合や、詩人の集まりなどに顔を出します。そういう会合の中には、「憲法を守れ、平和が大切だ。」といったことを信条になさっているグループもありまして、私もそれには賛成なのですが、作品にそうした心情がどう表現されているかということは、また別の問題です。

作者の持つ思想性が、その人の内面で充分にこなれていないと、作品は人に訴えかける力を持たないと思うのですが、そういう詩人のグループが出している出版物を見ると、「憲法を守れ。」とか、「核兵器反対。」といった語句が、そのまま詩の中に出て来るわけです。これは詩ではなくて、スローガンです。

そうしたスローガンが、作者の中で血肉化されて、そんな言葉を使わなくても、戦争に反対する詩になっているのでなければ、文学作品とは言えないのです。

茨木のり子さんという詩人がおられましたが、彼女の作品に「わたしが一番きれいだったとき」という詩があります。

わたしが一番きれいだったとき
わたしの恋人は挙手の礼でしか自分の感情を表現することができなかった

わたしが一番きれいだったとき
わたしはもんぺをはいて勤労作業をすることしかゆるされなかった

こうした意味のフレーズが、ずっと、つらねられていて、どこにも「戦争反対」といった語句は書いてありません。しかし、これは非常に有力な反戦詩であり、ごく当たり前の日常の生活の感覚の中に、戦争の恐ろしい本質を見出し、歌い上げていることで、先ほど述べた、〝思想〟と日常の〝感性〟を遊離させることなく、多くの人に訴える力を得ているのだと思います。

〝伝統〟を否定する誤り

また、日本には、〝伝統〟というものをどう考えるか、という課題もありますね。明治維新の直後と、昭和の敗戦の直後、「伝統は危険なものである。役に立たない伝統なんかは捨ててしまえ。」といった考えが広まった時期がありました。「廃仏毀釈」運動などもそうした動きのひとつで、貴重な仏像を壊したりしてしまったわけですね。

同じように第二次大戦後、「伝統は恐ろしいものであるから、きっぱりと捨てないといけない。」と主張した知識人の方々がたくさんいました。私はあんまり意地が良くないものですから、桑原武夫さんや中野好夫先生がその頃に話されたものを持っておりますが、そういった著名な外国文学者が、戦後、伝統否定論者になったのは、わからなくもありません。

戦争中、〝伝統〟がねじ曲げられて、どれだけ軍国主義の宣伝に使われたか、ということを考えますと、〝伝統〟に対するアレルギーが起こるのも無理はない、と思います。私自身も、子供の頃、盛んに叩き込まれたのです。

例えば、菅原道真の詠んだ「東風吹かば匂ひおこせよ梅の花　主なしとて春な忘れそ」

という有名な歌がありますが、その当時は、「小国民の皆さんは、お父さんが戦争に行っていても、お兄さんが出征していても、決してさびしがったり、学業の手を抜いたりしてはいけません。たとえ主人がいなくても咲く梅の花のように、ふくよかと香る梅のような小国民になりなさい。」と、教えられたわけです。

ですから、戦争が終わって、これまで教えられたことは、ねじ曲げられていたと知ると、もう菅原道真の話なんか聞きたくもない、というのが率直な心情でした。しかし、それは、教育勅語を掲げた当時の教育が、菅原道真の本質を歪曲していたのであって、菅原道真や、そういった日本の文化的伝統を否定する必要はないわけです。戦争が終わって、日本が本来の姿に戻らないといけない時期に、その伝統を軽視することは、かえって混乱を招きかねないわけですね。

ノーベル文学賞をとったイギリスのT・S・エリオットという詩人は、「詩人が自分は天才だと思ったときでも、伝統がその詩人を支えているのだ。」と言っていますが、やはり日本人は、明治維新や敗戦と言った歴史から生じた、ある種の〝伝統〟に対するアレルギーを抱えていた時期があったことが、その考えや主張に、ゆらぎを与えてしまっているように感じます。

戦後の日本は、〝伝統〟をやみくもに否定する間違いをしてしまっただけでなく、過去を切り離し、新しい近代的な市民社会を生み出さないといけないという考えから、儒教のような大切な思想を、古いものとして捨ててしまいました。ですから、現代の社会を見ると、倫理の欠如から、多くの企業が金権主義に走ってしまっていますね。

清水寺が、一般の方から公募した今年を象徴する漢字は、〝偽〟という字だそうですが、老舗といわれるような料亭から、産地を偽ったり、賞味期限を書き換えたりした商品が出されているわけです。

経営の倫理を捨て去ってしまった企業の経営者も、反戦や平和を訴えようとしながら、その思いが日常の生活の感覚にもとづいていない詩人や文学者も、何物にも代え難い〝伝統〟の大切さを、表面的に扱っていては、人に訴える影響力を生み出せないということを、よく理解していただきたいと思います。

企業人も芸術家も知識人も、思想を自ら血肉化し、日々の経営や創作の場で実践して生かすことで、〝思想〟と日常の〝感性〟のギャップを埋める努力をすることが望まれるわけです。

相手の〝感性〟に平和を訴える努力を

いろいろとお話してまいりましたが、現在の日本の姿を見ると、どうしても悲観的な感情が出てきてしまいがちです。しかし、どこかに希望を見出さなければならないとすれば、これまで述べてまいりましたような日本の問題点を、一つずつ潰していく努力をすることしかないように思います。

そういった気持ちを持って、『新祖国論』という本を書かせていただきましたが、私には、充分な知識がある訳でもなく、間違っているところもずいぶん多いのではないかと思います。

日本人の一人ひとりは、「平和は大切だし、中国との信頼関係は大事だと思う。」と考えているのに、なぜその思いが、世の中の大きなうねりになって行かないのか。それは、平和や中国との関係を何より重視する立場の人々の側にも、その〝思想〟と、日常の〝感性〟のギャップがあることに問題があるのではないか、と思っておりますことを最後に申し上げて、終わりたいと思います。

恩田木工に学ぶ

セゾン文化財団理事長、日本中国文化交流協会会長　辻井　喬

「日暮硯」をお読みになっていらっしゃる方がどれ位おられるのか。殆どの方が読んでいらっしゃるのかもしれませんが、この本は、二百数十年前の徳川幕府の時代に、信州松代藩で行財政改革を行った恩田木工という人の業績や考え方を紹介した本でございます。恩田木工の言行が実に見事であり、かつ江戸時代に改革を成功させた珍しい例として、今日においても意味があるのではないかと言う事で、文庫にもなっておりますし、経営学を学んでおられる方は関心を持たれている本で御座います。

私にとっても、「日暮硯」というのは気になる存在でした。「日暮硯」は、かなり説得力を持った経営の本と言えるのですが、その説得力の本質はどこから来ているのだろうか。そういう事を私なりに明らかにしなければならないな。と感じておりました。

ひとつは、「日暮硯」の経営理論というものが、日本的なものなのかという疑問がございました。また、近代的な考え方が述べられているのか、或いは、前近代的な考え方が述べられているのか。そして、恩田木工の施策や考え方が人間的であるのかどうか。といった点にも関心がありました。

ただ、気になりながらも、深く立ち入ることをためらわせる所もありまして、十分に読み込まずにいた点も御座います。

戦後六〇年間を見ましても、この「日暮硯」という本が社会的に広い関心を呼んだ時期があります。最初は、一九八〇年代のバブル経済が始まる直前の頃で、日本の経営は本当にこれでいいのだろうかという疑問を多くの人が感じる様になりました。このバブル経済がいつから始まったのかを特定することは、色々な見方があって難しいのですが、一九八五年にプラザ合意という出来事がありました。それをひとつのメルク・マール——その時代に移行したと判断される象徴的な事象、と言えるのではないかと思われます。円相場の切り上げや、内需拡大を要求された日本は、プラザ合意以降、本質的に不安定になりました。アメリカの言いなりになっているのではないか、といった批判が出て参りました。

そうして色々な問題意識が山積し始めた中で、個別の日本企業の経営もいずれこのままでは危機が来るのではないかという指摘が見受けられる様になりました。

そうした問題の処方箋として、日本社会における近代化の不徹底な状態に原因があると考える立場から、さらに近代化を進めて個人を重視するべきだ、という意見と、いや、日本企業の多くは表面上の業績の数値は上がっているが、社内ではかつての様な一致団結するといった日本的な気風が失われて来ているのではないか。むしろ日本的な経営に回帰すべきではないか、という意見がありました。「日暮硯」という本は、この二つの相反する日本の経営についての問題意識の真ん中あたりに位置していたのではないか、と今になれば思える訳です。

この講演の中で、「近代化」「日本的経営」といった言葉を、既に定義がはっきりしているかの様に使いましたけれども、日本的経営というものがどういった経営なのか、はっきり説明できる方は、私も含めて、あまりいらっしゃらないと思います。また、近代化やモダニズムといった概念とはどういったものなのか。それらは、絶対的な価値基準であり、永遠に追求されるべきものである、と考えてよいのだろうか。こうした点について、学者の方々にお集まり頂いている会で、あえて大雑把に御話を申し上げている事をお許しして頂きたいのですが、私の考えている結論をその点について申し上げますと、近代化というのは、何か絶対的なものではなく、いろいろな近代化があるのだ。と私は考えております。アジアの中で、進められるべき近代化と、西洋、欧米でこれまで基本型と見られてきた近代化という様に、いろいろなタイプの近代化があるのだ、という考え方があってもいいのではないでしょうか。

ヨーロッパ自体を取り上げましても、ドイツ的近代化、フランス的近代化、スペイン的近代化では、その中身も違う訳です。ただ、ヨーロッパの場合は、国によって中身が違うとしても、ヨーロッパ的近代化という普遍的なものをその中から抽出することは出来ると思います。

では、アジアの場合は、どうだろうか。アジアでは、皆さん御存知の様に、中国——中華人民共和国がこの十数年、非常な勢いで経済発展を基礎にして近代化を進めている。私は、中華人民共和国の近代化と、今日の日本が達成している様な近代化とは、いくつかの面で当然違うだろうと思います。韓国の近代化なども含め、それは、文化が違う、歴史が違うのですから当然異なってよいのですし、違うことによって北東アジアの諸国が、近代化されましてもそれぞれの国の個性を保っており、そうであってこそ北東アジアが連帯することの意義が生まれるのだ、という風に私は考えております。

少し端折ってしまって申し訳無いのですけれど、今まで述べてきた様な事を考えて、「日暮硯」というものを読んでみますと、この本はやはり儒教という思想の影響が大変強い。しかし、儒教と一口に言いましても、朱子学あり、陽明学あり、といろいろなスクールがありまして、儒教思想のどの面をベースにして恩田木工が行政改革を成功に導いたのか、という問題も我々の前にある訳です。

さて、国によって近代化に相違があると申しましたが、現在中国で進められ成熟して行くであろう近代化と、日本の近代化との違いにおいて、これから影響を与えて来るであろうと思われる点を、民主主義に関連して一つだけ申し上げますと、――大変歴史をさかのぼることになるのですが、日本で律令制が、唐の制度を学んで造られましたときに、日本には太政官という官職が設けられました。この太政官という官位は中国の律令制には存在しないポジションです。

それは日中でどういう違いを示しているのかと言いますと、日本の場合は、統治の正統性を持った君主と、国全体の最高意思決定機関が別々の存在なのです。別々なので、国の最後の意思決定をする機関は太政官によって構成されている。唐の時代の中国は、両方が皇帝に一本化されています。これはどちらが良いかという問題ではなくて、その国の文化的伝統、風土によって、自ずとそういう違いがすでに律令制の時代から存在していた訳です。そうした違いを我々は客観的認識として受け止め、その上で交流を進めていくべきではないかと思います。

現在、非常にたくさんの企業が中国に進出しております。それで私が心配をしておりますのは、中国で仕事をする日本のビジネスマンが、中国と日本の文化の違い、歴史の違いといった相違点をどれ位、事前に勉強しているだろうかと言う事です。日本は小さな国ですから、地域ごとに根本的な違いがそれ程ある訳ではないのですが、国土が広い中国では、地域ごとに違いが存在します。ですから、中国へ進出する企業は、今日ここで開かれているような研究会で一年位は勉強して、そうして中国に赴けば、仕事も交流も実り有るものになるのではないかと思います。

赴任先の文化、歴史を心得ていなかったために、現地の人々に、日本人は自分達を軽蔑しているのではないか、といった誤解を与えてしまったケースがあります。少し前の話ですが、タイに進出した日系の百貨店が、ショーウィンドウでタイのキックボクシングを見せたのですが、それがバンコクの民衆の怒りを買いまして、その百貨店が焼き討ちにあうと言う事がありました。キックボクシングはタイの国技であり、決してショーウィンドウなどで見せるものではなかったのですが、そうした文化を学んでいなかったために、人寄せに効果があるだろう判断してしまったのであります。

そして、こうした海外で起きる事件を日本のジャーナリズムがどの様に日本で報道しているのかといいますと、この点に関しても問題が御座います。

実は、つい数週間前、日中友好の七団体の一員として北京に参りました。そこで胡錦濤主席をはじめ、中国の要人の方々の話を聴く機会が御座いました。

主席が非常に率直に御話をされたので、吃驚する位でしたが、「中国は今、大変大きな問題を抱えている。資源の問題、環境問題等、色々なバランスを考えると年率七・二％以上の過熱した経済成長はしない様にする必要がある。しかし、中国は市場経済を導入しているので、計画経済時代のように成長をコントロールする事はなかなか難しい。中国はこうした問題に一生懸命に取り組んでいるので、日本側でもそうした点についてヒントを与えてくれると大変ありがたい。」といった内容から始まりまして、胡錦濤主席の、中国の現状を我々日本側に率直に認識してもらおうという思いを感じる話でありました。

そして、その話しの中のごく短い部分で、靖国問題についても、「いろいろと議論はあるだろうが、中国は日本との友好関係を何よりも基礎に置いている。」と話されました。

ところが、日本へ帰ってきまして、日本の新聞報道を見ますと、全く違うような内容の説明が行われておりました。「靖国問題が解決しなければ、中国と日本の友好的な関係は保障し難い」といった内容の発言を主席が行ったと報道されておりました。事実と違う内容の報道がどうして行われたのか。私は未だに不思議に思っております。

そうした点で、私達は、相手の国についての誤りの無い報道、知識を持つように常に心掛けないといけないし、同様に、私達の正しい意向や情報を相手の国に伝えるように努力しないといけないと思います。——という訳で、日中両国が経済面で緊密な関係を構築しつつあるときに、いくつか非常に大事な事が、メディアの恣意的な報道をはじめとして適確に為されていないのではないかと感じた事があったばかりなので御座います。

儒教の問題につきましても、先ほど講師の方は、日本の事をよく中国に御理解頂き、友好を進めるためにも儒教を研究する重要性について言及されました。私達はそのような日中間の相互理解や友好関係が進むようにという気持ちを持っておられる方の好意に甘えてばかりいてはならないのでして、中国と日本の相違点をどの様にして双方にプラスになるように理解していくか、を自ら考えるという事が大事ではないかと思っている訳です。

おそらく、この講演の題名については、川西先生がお決めになられたことと思いますが、「日暮硯」について喋れという事は、そういう事を私に喋らせようというお考えがあっての事と思います。

さて、「日暮硯」において、なぜ行政改革が成功したのか、それは他の改革者と違う手法を取ったからなのですが、実は恩田木工が松代藩の行政改革に取り組む以前に、秀才でかつ位の高いお侍が、改革の任に当たっていました。

まず財政の立て直しに取り組み、ばっさり藩の財政支出を切ってしまいました。それで、農民が反乱を起こして、収拾のつかない状態になってしまったため、急遽、恩田木工が抜擢されて改革を継いだ訳です。

恩田木工はまず、藩政のどこに不満があるのか、農民の意見を聞き、そうして、「たとえその様につらい思いをしているとしても、年貢を納めないという事は、法令に違反している。打ち首にされても仕方のない事だ。」といって農民を叱る訳ですね。それで、農民たちが、前の改革よりもひどい為政者ではないか、と思っていると、恩田は「いや、しかし、真面目に耕作に取り組むお前達が、年貢を納められなかったのは、納めようとしなかったのではなく、納めたくても納めようが無かったのだろう。それは藩の責任である。」と言って、農民の立場も理解していることを示し、相手の人間性に配慮する姿勢を見せてから、「本当にやるべきことは何か。一緒に考えようではないか。」と呼びかけて、農民との対話を作り上げたのですね。

こうした恩田木工には二つのものの考え方があると思います。一つはゆるしの精神です。現状はこうなっている。そうした状況にあるのは、向こうにそれなりの理由があって、起こっている事なのだろう、と考える、相手に対するゆるしの精神です。もう一つは、変化の思想で、物事は変化をしていくもので、それに応じて人々の価値観も変わっていくのだから、為政者はその変化を観察し、それに応じて政策を前へ前へと変えて行かないといけない。というものです。

「日暮硯」についてこういう事を申し上げますのは、先程述べた中国と日本の友好七団体で参りましたときに、「経済発展の結果、都市と農村の貧富の格差が広がっている。その解決のために、先の全人代でも農業重視をはっきり打ち出した。」といった御話を聞いて、これは、かつて私が読んだ恩田木工の「日暮硯」を思い出させる話だな。と感じたのです。現状を認識して率直に語り、変化に応じようとしている点で、中国の行政というのは優れているなあ、と私は思いました。
中国のそういった面を拝見してから、日本の行政の現状を見ますと、私の目から見るとあんまり優れていないんですね。ひいき目というのが在りますけれど、これはマイナスひいき目と言う事かもしれないですが。（笑）
靖国の問題にしましてもあれは本当に総理が行くべき神社なのかどうかについて、日本人同士で徹底して議論しないといけない。それが出来ていないのに、韓国や中国がこう言って来たといって、自分の事とせずに言い返す態度が見られる。これは自分たちがすべき事をしないで、相手に要求をするという、対話をするのに望ましい状況からは、最も遠い態度を取っているかと思います。そういう点では、「日暮硯」は、経営学上の思想について読み解く事が出来るばかりでなく、これからの国際社会における日本のあり方について考える上においても参考になる本ではないかと思います。
今回は時間が十分ではございませんでしたが、私はこれだけしゃべれたことでとても満足しています。皆様に御礼を申し上げまして、私の話を終了させて頂きたいと思います。どうも有難う御座いました。

大平正芳からいま学ぶこと

『茜色の空　小説　大平正芳』を書き終えて

作家、詩人、日本中国文化交流協会会長　辻井　喬

辻井でございます。今日は、大平先生の生涯を素材として描いた『茜色の空』に関連した話をして欲しいということのようでございます。さあ、どういう切り口でお話を申し上げようかと案じているところです。

と、申しますのは、大平先生の業績やその行動、お人柄などについては既に多くの著作が世に出ておりますので、私があらためてこの場で大平先生についてそれをなぞることもないようにも思うからです。

かといって、私は以前、ある作家の方の創作譚をいろいろとお聞きしたのですが、こういうふうに書いたのです、といったお話を聞くのも——そんな話を聞くより、作品を読めばいいのでありまして、この場でお話する内容として相応しいものではないかもしれません。

＊小説を書いたきっかけ～姿が見えない日本の保守政治を憂う

さあ、どこに糸口を見つけていこうかというところですが、それでは、まず、どうして大平先生の小説を書こうと思ったかということからお話ししましょう。実は私は、戦後さまざまな人々や党派、派閥によって受け継がれてきた日本の保守政治の姿——その政治的な立場や方向性、気概といったものが、近年、はっきりとした形を失いつつあるのではないか、と感じています。

そうした保守政治の姿というものがはっきりと見えていたのは、１９９０年代前半の宮沢政権くらいまででして、それ以降は、「失われた20年」といわれる混迷の時代と軌を一にするかのように、政権与党の離合集散が続き、およそ外交や内政の要諦というものがだんだん融解してわからなくなってきているように感じます。

先の政権交代によって自民党は下野したわけですが、それまでの約半世紀にわたって日本の政権与党であった自由民主党は、ご存知のとおり、１９５５年の保守合同によって生まれた政党でした。アメリカによる占領を経て、曲がりなりにも経済復興を果たしつつあった日本が、これから本格的な経済成長へと進んでいくために、保守勢力が合同して議会で強固な政治体制をつくろうとしたわけです。

そうして出来上がった55年体制を岸、池田、佐藤、田中、そして大平といったリーダーが率いた訳です。

これら戦後政治を司った政治家の政策目標や、その背景となる立場や考え方は、私のように市井で商業を営んでいた者にもはっきりとした形をもって見えていたのですが、最近は、税制の方向性を示すような重要な発言が簡単に撤回されたり、台頭するアジアの新しい勢力に対する外交の方針などもしっかりと定まっていないように感じられ、政治の姿、形というものがだんだん見えなくなってきているように思います。

やはり、ひとつの政党が50年余にわたって、政権を担当するということは、あまり歓迎するべきことではありません。どんなに立派な政党でも半世紀の長きにわたって与党の立場にいれば、垢もたまれば錆びも付いてきます。そうして国際環境や社会の変化に敏速に対応することも困難になってきます。

そこで、国の政策と運営を担うことが可能な野党があって、必要なときには民心の判断にゆだねて政権を交代させるというシステムが望まれてきたわけです。今はまだ、政権交代が実現したといっても、試行錯誤の域を出ていないような観もありますが、常に与党と代替可能な野党が存在していることは、民主主義の質を担保するうえでやはり大切なことだと思います。

さて、この小説を書き続けるなかで、私は大平正芳という政治家が戦後の日本の政治に対して課題と考えていた目標が3つあったことを知りました。そのうちの1つは、日本に本当の意味での民主主義を根付かせるにはどうしたらよいか、ということでした。

今でこそ政権交代という言葉はよく耳にするようになりましたが、長期政権によって権力を欲しいままにするような政党は選挙によって排除すること、経済や国際情勢の変化にも機敏に対応できる新しい政権の担い手を常に選択できるようにすること、そのためにもいつでも政権を任せられるような野党が必要だということを、彼は考えていたのです。

父親が政治家であったものですから、私はその秘書などをしておりましてさまざまな政治家に会う機会がありました。そうして、その頃、謦咳に接した方々と今中枢におられる政治家とを較べてみますと、どうも風格のような点で押されてしまうような感じがするのです。

そのようなことを思っておりましたところに、再来年の2010年に大平正芳生誕100年を迎えるので、それまでに大平正芳を主人公にした小説を纏めてもらえないかという話が文藝春秋社からありました。

小説を書くための調査には、1年ほどを費やしました。もちろん、大平正芳総理が生まれ育った郷里の香川県にも足を運び、古くからの地元の支持者の方にも会い、またご一族、ご親戚の方々にも何回となくお目にかかりました。

＊戦後の保守政治の流れ

その中で私が発見したことの1つは、戦後日本の保守政治の中に2つの大きな流れがあったということでした。1つは、吉田、池田、そして、大平、宮沢と受け継がれてきた流れで、戦後憲法を理解し、現行の憲法の下で経済復興、高度成長を実現しようという路線です。

その上で、米国との間で結んだ条約の中の不平等な部分を対等な形に近づけていくことにも努め、敗戦国であるという苦しい現実から生じた国のありようを現実的に受け入れながら、あくまで独立国としての気概や体制を求めていこうとする立場であったように思います。

もう1つの戦後保守政治の流れは、鳩山一郎、岸、佐藤、福田と連なる流れでして、この流れの立場としては、現行憲法は戦後アメリカから押し付けられた憲法であるから、まず憲法を改正することから始められなければならないという主張に立つ流れです。およそ軍隊を持たない独立国などはあり得ないのだから、対外的な武力行使を否定した平和憲法を改正して、再軍備を行うことを目標とする、いわゆるタカ派路線の流れです。

この2つの保守政治の流れが、戦後政治の現場のその時々に濃淡を変えて表れ、権力を巡る争いの素地となって脈打っていたように思います。この2つの流派がお互いに糸を織りあうようにして日本の政治の方向性が定められていったのではないでしょうか。

＊大平内閣不信任案可決のいきさつ

私もこうした2つの保守政治の流れについてはよく知っていたつもりだったのですが、この流派の違いが根底にあっただけではなく、史実を辿っていきますと私が思っていたよりもずっと激しい闘いが繰り広げられていたことを、この小説の執筆を通じて識りました。

例えば、1980年に大平内閣の不信任案が可決されてしまい、前回の選挙からわずか7ヶ月で衆議院の解散・総選挙に追いこまれた、いわゆるハプニング解散を巡る政治家の争いがその好例でしょう。

内閣不信任案は27年間も可決されていなかったのですが、社会党が提出した大平内閣不信任決議は衆議院で通ってしまうわけです。数の上では優位な立場にいる与党の政権の不信任案が、どうして可決されてしまったのかと言うと、先ほどの保守政治の

2つの流派のうち、吉田茂から大平正芳へと続く流れとは立場を異にする福田派の議員が、社会党に協力する格好で衆議院の本会後を欠席したためなのです。

つい、この間も、塩川正十郎氏が新聞で「いやぁ、あの時はつらかった。個人としては社会党と組むようなことはしたくなかった。しかし、派閥というものは、決めたことには従わないといけないので……」と語っておられたのを読みましたが、「あれは今でも苦い思い出です。」と言っておられました。

＊大平さんの考えの根っこにあるもの

大平総理は、さまざまな困難な政治抗争を経験したのですが、その内政、外交の方針を省みますと、その場その場の権力闘争や足元の選挙に勝つためといった近視眼的な見方ではなく、なんと言っても日本の将来の姿を考え、中長期的に見て、日本にとって成さなければならないことは何か、乗り越えないといけないものは何かということを判断の基底に据えていたように思います。

いわば戦後の日本の国益というものをしっかりと捉えていたわけですが、それも領土を巡って感情的な応酬をするといったことではなく、日本がこれから持続的な成長を遂げるためには国内外の状況をどのように整えるべきなのか、日本の国際社会における役割とは何なのか、といった課題や問題意識を持ち、それに対して、知性に裏打ちされた現実的な判断や方向性を示そうとしていたのではないでしょうか。

ですから、彼の政治家としての動きを見てみますと、1つの特徴がございまして、これは絶対に日本の国のためになる、と判断されたことについては、たとえ周辺に反対の意見があろうとも前向きに決定し、行動もたいへんに素早いものでした。

しかし、権力を巡る争いなどの決断、自分自身にとってこの判断が有利かどうか、といったことに関しては、およそ決断を下すのが遅かったのです。

例えば、宏池会の若手のメンバーが、会の影響力の将来を按じて大平正芳を会長に担ごうとしたときも、おそらく五、六年彼は決断を下すことが出来なかったのです。それは、自分自身に関することですからどうも気が進まなかったらしい。

つまり大平正芳は、個人にかかわることについては、じつに優柔不断と言ってよいほど、決断が遅いが、国のためになると判断したことについては、別人かと思うほど、決断も行動も早い人でした。その最も良い例の1つが、日中国交回復のときに彼が北京の交渉の場で下した決断でした。

＊日中国交回復に大きな役割を果たした大平正芳

それは、1972年に、首相に就任したばかりの田中総理と大平外務大臣が日中国交回復の交渉にあたるために、そろって北京を訪れたときのことでした。彼と田中総理は、中国と日本が平和的な関係を結び、国交を回復することは、日本の将来にとってもアジアの将来にとっても絶対に必要なことだ、という点において意見は一致しておりました。

ただ、今では考えられないことですが、当時の日本の保守的な立場の人々の中に、中国は共産党が支配している国なのだから、そんな国と正式な形で交流し、手を結ぶなんてとんでもないことだ。といった見方がとても多かったのです。

しかし、相手の国の体制がどうであろうと、それはその国の内部の問題であり、日本の将来、アジアの将来を考えると良い関係を結ぶべきだ。国交回復の議論を単なる国内の政争の具にするのではなく、たとえ共産党が率いる中国との間でも、長い目で見た将来の展望や国際関係の潮流の大きな変化を考えれば、果敢に行動を起こして国交を結ぶ決断をするべきだ、と大平正芳は考えていたのです。

そうして、その年の9月に田中総理と大平外相はそろって北京を訪問しました。中国側の交渉相手は、周恩来首相と姫鵬飛外交部部長でした。当時は中国では江青を筆頭とする四人組が権勢をふるっていた時代でしたから、ちょっとした言動の言葉尻などをあげつらい激しい個人攻撃が行われるような危険があったので、周恩米首相も常に四人組みの存在を頭の隅において日本側と交渉しなければならない、とても難しい立場にあったのです。

しかし、田中角栄という人は、ざっくばらんで大雑把な性格でありながら、むしろそれ故に相手の気持ちをつかむ能力に長けているような人でしたので、交渉の場で日中間の話し合いが複雑になってきたような場合には、一気に突破口を開こうとして、外交的には到底受け入れられないような発言を突発的にしてしまうかも知れなかったのです。

田中さんは、そうやって相手の気持ちをつかみ、また金の持つ力というものを体で覚えている人でしたし、そうした人心の掌握のやり方で首相にまでなったという自信もありましたので、大平外相から見れば、外交交渉の場では不用意な発言をしかねない人だったのです。

ですから、田中首相が中国側の民族的な感情を刺激して取り返しがつかなくなるような失言をしないように、大平外相は、議論が難しくなりだすと、田中首相が言葉を発する前に先回りして、中国側の発言の意図を汲み取った形でふさわしい返答をするように気を配っていたということが何度もあったようです。

そのように、田中首相の発言に気を使いながら中国側と議論のやりとりを重ねていくうちに、周恩来首相は、「大平正芳という人は、お互いの立場や意図を正しく汲める人だな。その上ではっきりとした判断が下せる人のようだ。」と感じ、彼に対する信頼感をだんだんと強めていったようです。

そうして、この交渉の最後の詰めのところで、日華条約の扱いという大事な問題が残ったのです。

中国側は、「この日中間の国交回復のための共同声明が成立するときは、貴国と台湾との間に結ばれていた日華条約は効力を失うということになりますが、そういう認識でよろしいですね。」と念を押してきました。

大平外相が、すぐに、「もちろんそうです。」と返答すると、周恩来首相が「日中の国交が回復した際、日華条約が失効することを日本政府はいつ発表してくれますか。」と重ねて聞いてきました。と言いますのは、そこをはっきりさせないと、四人組から、「弱腰ではないか。」と突き上げられかねない状況が当時の中国にはあったのです。

大平正芳は、その場で、「ここは私を信用して任せてください。」と返答し、「いつ発表するかについてはここで約束すべきことではないので、我われ日本側が判断をします。ただ、いつ、どのような方法で日本政府が発表するかについては、私に任せてください。」と重ねて中国側に伝えて交渉を終わらせたと言われています。

そうして、周恩来が、毛沢東のところへ行って、こういう話し合いをして一応、結論が出ました、と報告すると、毛沢東が日中の双方の当事者を見回し、「もう喧嘩は済みましたか。」と言ったと伝えられています。そうして、毛沢東が議論の結末に対して打ち解けた態度を示したことで、この交渉は妥結を迎えたわけです。（1972年9月29日）

その晩、人民大会堂で、田中角栄、周恩来両首相が日中共同声明に署名を行い、日中国交正常化が成立したのですが、調印式のすぐ後に人民大会堂のそばの民族文化宮で大平外相による記者会見が開かれました。

その記者会見の場で、大平外相は「日中共同声明が調印されたことによって、日華条約は失効するというのが、日本政府の見解である。」ということを直ちに言明しました。

これには周恩来首相も、調印したその日のうちに言明してくれるとは、と驚かれたのだと思います。

大平さんは、交渉の場での自分の言葉を信用してくれた周恩来に対し、その約束を間髪を入れずに果たしたわけです。

自民党の中にも台湾を支持する真面目な政治家が数多くいたので、台湾との断行を意味する日華条約の破棄を事実上宣言することは、大きな決断であったのではないかと思います。大平外相とすれば、周恩来首相との信義があっただけでなく、いつ日華条約が失効するかということを、北京にいる間に決めないまま帰国すれば、そのことを巡る日本国内の議論が沸騰し蜂の巣をつついたような騒ぎになってしまい、日本政府として決定を下すのに時間が掛かってしまうかもしれない。そうなれば、せっかく調印にこぎつけた日中共同声明も実効力の薄いものになりかねない、という懸念があったのです。この問題は北京にいる間にはっきりさせるしかないということを大平正芳は決断したのだと思います。

日中の国交回復の大事の交渉の場面で、彼の、長い目で見て日本の国のためになる課題に対しては、英断を持って決意し、素早く実行するという政治家としての態度と行動力が大切な役割を果たしたのです。

＊大平首相が戦後日本に抱いていた3つの課題

さて、話の前半でも少し触れましたが、大平首相は戦後の日本政治に対して、３つの大きな課題が与えられていると考えていたようです。

その１つは、独立した国家の国民としての自覚と意識を全ての日本人が持つようにするということです。敗戦、占領という厳しい現実から出発した戦後の日本は、決して外交の面で対等な関係を与えられてスタートした訳ではありませんでした。

それは、幕末に欧米列強から、治外法権などを含む不平等条約を強制された状況と似ている面があったかもしれません。明治新政府もそうした不平等条約の改正に惨憺たる努力を重ねるわけですが、戦後の日本も、日本にとって不利な密約を重ねた一時期を除けば国際社会における自らの立場や扱いを向上させるために多くの人々が努力をしたという点では、同じ苦労を経験してきたといえるかもしれません。

2つ目は、独立国としての自覚を国民が持つためにも、社会の隅々にまで、民主的なものの考え方、感覚を行き渡るようにする、ということです。そのためにも、先ほど触れた、長期政権による権力の腐敗を防止できるような、政権担当能力を持つ野党の存在がなければいけないということです。しかし、大平さんの時代には、この課題の実現にはまだまだ長い道のりが必要でした。

そして、3つ目の課題は、財政の再建です。今の財政赤字の状況から比較すると当時の財政の構造は大きな問題ではないように感じられるかもしれませんが、当時もこのままでいった場合の財政の問題は国政の大きな課題として認識されており、大蔵省出身の大平首相は、財政の健全化を目指し、長期的な経済成長を担保すること、そのためにも消費税導入の議論なども、たとえ選挙を戦う上で不利であるとしても避けてはならない、と考えていたのです。

ですから、重ねて申しますが、大平正芳という政治家は、まず国の将来ということを冷静に理論的に考えて行動をしていたのです。

その大平さんは、長男をベーチェット病という難病によって亡くしたときには、人目を憚らずに号泣をして悲しんだのです。若くしてキリスト教の洗礼を受けた太平正芳とともに、亡くなられたご長男もクリスチャン・ネームを持っていましたから、墓碑名にもその名が刻まれております。ですから、政治家大平正芳の行動には、そうした若かりし頃のキリスト教の影響もあったと思われます。

＊小説に登場させた架空の女性

さて、小説の中で大平正芳の女性関係などにも触れねばと思い、ご遺族の方の了解も取っていたのですが、どこを調べてもそうした女性についての話は出てきませんでした。

やむを得ず、私は小説の中にいつも前向きに人生を生きる全く架空の女性を登場させまして、その女性が大平正芳を慕い、大平正芳もその女性を信頼して、こんな女性だったなら早くに亡くした長男のお嫁さんに迎えたかったなあ、という気持ちを抱くといったストーリーを創作しております。ですから、小説の後半からかなり活躍する女性は、全くの架空の人物でありますことを皆さんにお伝えをしたいと思います。

また、ある方の生涯を題材にしているといっても、小説はあくまでフィクションの世界でありますから、さまざまな場面でそうした小説の自由度を私なりに使わせて頂いた点をご容赦いただきたいと思います。

＊最後に

大平正芳は、決して華やかな印象や評価を持たれる政治家ではありませんでしたが、日本の将来を思う、その大局にたった見識と、政治家には珍しい、いたずらな自己顕示を伴わない真摯な人柄が、日中、あるいは日韓といったアジアの平和と交流を回復するための外交交渉の場でも大きな役割を果たしていたことを、この小説もさることながら折りに触れて思い起こしていただきたいと思います。

さて、それではお時間のほうも参りましたようですので、私の話もそろそろ終了させて頂きたいと思いますが、私は、先週から今年、2度目の訪中として北京を訪問していたのですが、この会合での話もありますので、日本に戻ってまいりました次第です。大平先生に関して、このようなお話ができましたことを幸いに存じます。

それでは、この会が中国と日本の友好の促進に大きな役割を果たされますことを心からお願いして、私の話を終わらせていただきたいと思います。

大平首相の秘書官として

ＴＥＰＩＡ会長、元通産事務次官、大平首相元秘書官　福川　伸次

福川でございます。この度は第1回研究プロジェクト国際シンポジウムの一環として大平正芳元首相生誕百年記念集会が開かれ、日中双方から著名な研究者の方々にお集まりいただいて、盛大に討論会が催されますことをお喜び申し上げます。

特に、『茜色の空』という小説を著されました辻井先生、それから北京からは徐一平先生をはじめ、大平学校の研究者の方々がご参集され、熱のこもった討論が展開されますことを期待する次第であります。

私事にわたりますが、私は１９６８年から１９７０年まで大平正芳先生が通商産業大臣でありましたときに秘書官として、また、１９７８年の12月から１９８０年の６月12日に大平首相が選挙中に逝去されるまでの間、官邸でお仕えをしたという関係がございます。

ちょうど、大平先生の生誕百年を記念いたしまして辻井先生が『茜色の空』を著されたわけですが、大平正芳の人となり、またその政治家としての生涯が、本当に鮮明に描かれておりまして、ひとつ、皆様にも是非いろいろと読み砕いていただいて、政治のあり方を考えていただく素材にしていただければと思っております。

私が大平先生にお仕えしていましたとき、そばで先生を見ていて感じましたのは、たいへんな読書家でおられたということです。また、思索家でもありました。そして、大切なことには筋を通し、つねに国のことを考えていた政治家ではなかったかと思います。

例えば、かつて吉田首相の弟子であった池田さんと佐藤さんがたいへんな政争を繰り広げたことがございました。岸さんのあとを池田さんが継ぎまして、後にがんで逝去なされるのですが、まだ池田さんがご存命のときに、後継者を誰にするかということになりました。

そのとき、池田総理の女房役でありました大平さんは、池田さんと佐藤さんがいわゆる政敵の関係にありましたことにもかかわらず、そのときの大局を見て、後任は佐藤さんにしようと判断されたわけですね。当時、宏池会の中では、佐藤さんに対する反発が強かったのですが、この決定のおかげで自民党はひとつにまとまることが出来たわけです。

また、大平先生が総理時代には、四十日抗争というたいへんな政争がございました。1978年に、福田首相の後継として田中派の支持を得て大平先生が総理に就任するわけでありますが、そのときの派閥の間の軋轢が尾を引く格好で解散・総選挙となりました。

そうして大平首相は選挙で消費税に言及なされたことから自民党は大敗しまして、その責任を巡って自民党内の派閥でたいへんな政治抗争があったわけでございます。

もともと大平さんと福田さんの間の政治家としての確執から、党が大きく揺さぶられるような抗争に発展したのですが、その抗争のさなかに、大平さんは、「もし、今、自分が総理を辞めたら、その後は誰がよいだろうか。」ということを側近に問いかけられたのです。福田さんは、大平さんにとってたいへんな政敵だったのですが、大平先生は、「よく考えてみると、自分の後はやっぱり福田君に頼むのがよいかもしれないな。」と仰られたのですね。これも政治家としてこれまでの確執からくる私怨などといった個人的な感情に流されることなく、大局を見て冷静な判断を下される大平先生の姿勢が現れたエピソードではないかと思います。

田中首相のもとで外務大臣を務められましたときも、航空協定の締結を巡って自民党内でまるで椅子を投げあうような抗争が起こりましたが、このときも大平先生はほとんど孤立無援のような状態になりながら、日本にとって必要なことであると判断されてこれを通されたわけです。

もちろん、こうした政治の世界の判断に関してはいろいろなご意見はあるかとも思いますが、大平先生は、常に日本にとって何が最適であるか、どうすれば国のためになるか、ということを考えておられた政治家ではなかったかと思います。

よく、大平先生は、国会答弁で、「あー、うー。」という言葉を発しておられましたが、これなども、「国会で答弁しているのは、議員に答えているのではない。議員の後ろにいる国民に語りかけることが大切だ。それで、わかりやすく語るために考えているうちに、どうしても、あー、うー、という言葉が出てくるのだよ。」と言っておられたことを思い出します。

1979年に首相として訪中されましたときも、中国に対する円借款の供与や日本の技術協力を決定され、改革開放以降の中国の経済発展の礎を築かれました。これは、国交回復からまだ日の浅い日中関係を飛躍させる決定であったわけです。当時、大平先生は「これからは、日中関係の深さと広がりを求めていこう。」といつも話しておられました。

大平首相が訪中された1979年は、ちょうど衆議院選挙で手痛い敗退をなされたあとでした。北京での会談のあと、西安を訪問されまして、沿道を人が埋め尽くすような熱烈な歓迎をうけたのですが、それを見た大平先生は、「そうか。これなら俺は選挙区を中国にうつせばよかったな。」（笑）と仰られたことを思い出します。

大平先生は、本当に中国のことを大切に思っておられた方でして、教育にも深い関心を払われ、中国における日本語教育、日本研究の拠点となる研究機関の整備にも努められました。いわゆる大平学校として知られておりますが、今ではその卒業生の方々が数多く東京にいらっしゃいまして、大平財団では、折に触れてその同窓会を開催させて頂いております。こうした取り組みが、卒業生の方々に交流の機会を与える場となれば幸いに存じます。

大平先生が日中関係に果たされた役割や、その人となり等については、これからお話をして頂く辻井先生をはじめ、ご関係の皆様からいろいろなお話がうかがえるかと思っております。こうした貴重な機会が設けられましたことを大変に嬉しく思っている次第です。とかく日本の政治の現状はさまざまな批判を受けておりますけれども、戦後政治に一時代を画しました大平先生の政治家としての歩みというものを、皆様の中でご研究を賜れば、これからの日中関係の飛躍のひとつの材料になるのではないかと存じる次第であります。

今回のシンポジウムを企画されましたことに厚く御礼を申し上げ、たいへん僭越ではございますが、有益な討論がなされますことを期待いたしましてご挨拶とさせていただきます。

どうも有難うございました。

『辻井喬と堤清二が出合う日　11月25日』出版後記
―あとがきにかえて

㈶アジア・ユーラシア総合研究所長　桜美林大学名誉教授　川西　重忠

当アジア・ユーラシア総合研究所の前身である「桜美林大学北東アジア総合研究所」の顧問をされていた辻井喬先生が逝去されてからはやいもので四回目の命日が巡ってきた。

今年四月に前研究所は一般財団法人「アジア・ユーラシア総合研究所」に引き継がれたのであるが、六月の役員会で皆の賛同を得て辻井喬氏の命日にあたる十一月二十五日に「辻井喬・堤清二研究会」（今野由梨代表）として研究フォーラムが承継されることが了承された。

その第一回目に当たる今回は、前研究所顧問在任中の辻井先生の講演録の編集出版を企画した。「新組国論」、「恩田木工に学ぶ」と「いま大平正芳にまなぶもの」の三篇である。その内最後の大平正芳の講演は、小説『茜色の空　小説大平正芳』の出版記念講演である。二〇一〇年は大平元総理の生誕一〇〇周年であったこともあり当研究所で七月と十二月の二回、「大平正芳生誕一〇〇周年記念シンポジウム」と銘打って開催された。本書収録の講演は七月度分である。中國からは北京外国語大学日本学研究センター徐一平主任をはじめ数名の研究者の参加を得て盛大に行われた。そのときの辻井喬先生の肩書は「作家、詩人、日本中国文化交流協会会長」であった。

辻井先生は、三十代の少壮年時代から西武グループを拠点にして日本の流通革命を牽引した日本の名士であった。長じてからは日本の文芸文學界の指導的役割を果たし、また日中文化交流協会会長として生涯一貫して日中両国の友好交流と相互理解に向けて尽力された。

一人の人物がその生涯においてこのようないくつもの分野でいずれにも後世に残る卓越した業績を残された人の例は少ないのではなかろうか。人の評価は様々であろうが、ある意味で氏は日本の戦中戦後の時代精神を代表する歴史的体現者であったと私には思われる。

私どもの研究所が主催する会合でも、辻井先生が出席される時はいつもその会場に存在するというそれだけで会場の雰囲気が引き締まり、静かな語り口の中にユーモアとシャイなお人柄がにじみ出る講演ぶりであった。

私どもの研究所は、アジア・ユーラシア地域の調査研究のみならず、「歴史と文化の承継」を活動の核心としている。関連図書の出版も辻井喬・堤清二研究会の活動承継もその現れの一環である。まだ手元には、いくつも辻井先生の関連資料もあり、今後とも本研究会の活動を継続してゆきたい。

本研究会の代表である今野由梨氏（ダイヤルサービス社長）からは、堤清二氏より戴いた言葉についての玉稿を後に続く人のためにお寄せいただいた。このように人の思いと志は時代を越えて後に続く次の世代に引き継がれてゆく格好の事例であろう。

私と研究所がどのように辻井喬氏と知り合いになり、顧問に就任して戴いたかは十年以上も前のことであり、いまになっては茫漠として定かではないが、お忙しい中を研究所の各種シンポジウムでしばしば基調講演をして下さり、ある時には『いま大平正芳から何を学ぶか』の小著の出版までして戴いたことを考えると、何かの折に私が強くお願いしたことによるものであろう。

当研究所は常に「絶対価値の実現と探求」という基本理念に照らして活動してゆくことを通じて社会貢献を果たしたいと願っている。

日本流通産業界の革新的指導者「堤清二」は行動の人であったが、同時に文芸文學界の巨星として苦悩と思索の精神世界の人「辻井喬」でもあった。その辻井喬の文芸世界は豊饒で、読む者に多くの人生の啓示とヒントと深い感情世界を展開してくれる。人と歴史を知ることが文学と思想の内面世界と社会生活の外的世界を知る重要なファクターであるとするならば、辻井喬の書著作を紐解くことでこの世界に触れたいとと思う。そしてこれら辻井喬の求めた世界を「辻井喬・堤清二研究会」では同行有縁の皆様とともに研究してゆきたいものである。このような小著であるが辻井喬の一端をご紹介できたことの喜びを共有したい。

二〇一七年十一月十五日記す

辻井喬と堤清二が出合う日　11月25日

2017年11月25日　初版第1刷発行

編　集　㈶アジア・ユーラシア総合研究所
　　　　辻井喬・堤清二研究会

発行者　川西　重忠

発行所　一般財団法人　アジア・ユーラシア総合研究所
〒151-0051　東京都渋谷区千駄ヶ谷1-1-12
Tel: 03-5413-8912　Fax: 03-5413-8912
http://www.obirin.ac.jp
E-mail：n-e-a@obirin.ac.jp
印刷所　藤原印刷株式会社

ISBN978-4-904794-98-2